HABILIDADES PARA TENER ÉXITO™

CÓMO PREPARARTE PARA UN EXAMEN

ALEXIS BURLING

TRADUCIDO POR ALBERTO JIMÉNEZ

Rosen
YA™

New York

Published in 2018 by The Rosen Publishing Group, Inc.
29 East 21st Street, New York, NY 10010

Library of Congress Cataloging-in-Publication Data

Names: Burling, Alexis, author.
Title: Cómo prepararte para un examen / Alexis Burling.
Description: New York, NY : Rosen Publishing, 2017. | Series: Habilidades para tener éxito
[Skills for success] | Includes bibliographical references and index.
Identifiers: LCCN 2016053793 | ISBN 9781508177593 (library bound)
Subjects: LCSH: Test-taking skills--Juvenile literature. | Study skills--Juvenile literature.
Classification: LCC LB3060.57 .B86 2017 | DDC 371.26--dc23
LC record available at https://lccn.loc.gov/2016053793

Manufactured in the United States of America

CONTENIDO

Introducción 4

CAPÍTULO UNO
Conócete 7

CAPÍTULO DOS
Luces, cámara, acción.........................16

CAPÍTULO TRES
Pedir ayuda......................................28

CAPÍTULO CUATRO
La hora del examen 38

CAPÍTULO CINCO
Sé tu propio jefe................................47

Glosario 52

Para más información 54

Más lecturas 57

Bibliografía......................................59

Índice 62

INTRODUCCIÓN

Seamos sinceros. La mayor parte de las veces, hacer exámenes no es divertido. Acostarse tarde por acabar una novela apasionante para Inglés o por escuchar una conferencia sobre historia japonesa hasta engancha, pero ¿que haya un examen del tema a la mañana siguiente? Eso directamente estresa. Porque, entonces, hay que descifrar los apuntes de clase y hacer fichas, y porque memorizar hechos, números y fechas suele llevar horas, o días.

Por eso, es fundamental dormir bien y equilibrar el tiempo de estudio con los deberes, sobre todo si estás deseando salir con los amigos. Sin embargo, lo peor es la ansiedad que sientes al enfrentarte al examen. Si es de preguntas de respuesta múltiple, es crucial responderlas todas y acabar a tiempo; si es de preguntas cortas o de ensayos, hay que expresarse de forma clara y concisa. Pero dominar esas habilidades no es imposible. De hecho, con que hagas unos ajustes mínimos en tu rutina diaria, te convertirás en un genio de los exámenes. Solo necesitas algo de práctica… y una cucharada colmada de paciencia.

En este libro, te damos una serie de ideas sobre hábitos para hacerlos sin temor. Como, por ejemplo, admitir tus puntos débiles, algo que puede resultarte incómodo al principio. Al fin y al cabo, quizá no sepas que las analogías

Hacer exámenes es difícil, sobre todo si dejas que la ansiedad mine tu concentración y baje tu nota. Saca lo mejor de ti prestando atención en clase y empezando a estudiar antes en casa.

y los problemas de álgebra no son tu fuerte. Aceptar las propias limitaciones cuesta, pero es el primer paso para hacer bien los exámenes. Y para mejorar personalmente. Otras teorías de este libro no podrán parecerte relacionadas con el asunto, pero son el trampolín a todo un nuevo enfoque de los estudios. Tal vez te preguntes: "¿Es que es malo escuchar música cuando estudio?". "¿En serio voy a hacer mejor los exámenes por dormir un promedio de ocho horas y comer bien?". (Pista: en ambos casos, digamos que sí).

Más que nada, nuestro propósito es ayudarte a mejorar tus calificaciones y, de paso, aumentar tu confianza. No todas las sugerencias serán aplicables a tu caso, pero las instrucciones detalladas y los consejos para todo, desde aprovechar mejor el tiempo a recuperarse tras un fallo, te proporcionarán las herramientas necesarias para rendir lo más posible en los estudios.

Además, las buenas notas en el bachillerato y en las pruebas de acceso a la enseñanza superior te facilitarán la entrada en la carrera que elijas. Y si prefieres formar parte de la población activa, las estrategias expuestas te ayudarán a prosperar en el trabajo. Aprender a prepararte para los exámenes, o cualquier situación donde debas demostrar tus conocimientos, es clave en el camino hacia el éxito.

Conócete

Imagina que estás preparándote para un examen con preguntas de respuesta múltiple y un ensayo. Quitando las faltas por enfermedad, habrás ido a clase y tomado apuntes. En casa, habrás estudiado y hecho los deberes. Ha llegado la hora de la verdad. Piensa en las cinco afirmaciones siguientes:

- "Tengo que repasar demasiadas cosas. No sé por dónde empezar".

- "He estudiado bastante, pero da lo mismo. Haga lo que haga me sale mal".

- "He tomado apuntes, pero no entiendo mi letra y me da vergüenza pedir ayuda".

- "He estudiado un poco, pero mi memoria es un asco. ¿De qué era el examen?".

- "Seguro que el de preguntas multirrespuestas lo paso, pero lo de escribir… olvídalo. Yo unir pensamientos no sé, siempre me lío; me expreso fatal, parece jerigonza".

¿Te suena alguna? Si es así, no estás solo. Muchos estudiantes no dan lo mejor de sí al examinarse. Algunos no confían en su capacidad; para otros, el problema empieza antes, por no haber desarrollado el hábito de escuchar bien en clase. Pero el que te identifiques con una o varias de las afirmaciones anteriores no significa que seas una causa perdida. Lo único que necesitas es descubrir cuál es tu estilo óptimo de aprendizaje. Entonces, podrás utilizar ese conocimiento a tu favor cuando te prepares para un examen.

¿DE QUÉ FORMA APRENDO?

Hay muchas teorías acerca de cómo adquirimos, comprendemos y retenemos información. Al fin y al cabo, cada uno aprende a su manera. Sin embargo, una de las más aceptadas la expuso en 1987 un profesor universitario de Nueva Zelanda llamado Neil Fleming. En su trabajo de investigación titulado *No es otro inventario, sino un catalizador para la reflexión* describe un nuevo método de aprendizaje llamado VARK, que descubre un novedoso enfoque para la enseñanza.

Según Fleming, VARK consiste en cuatro estilos clave de aprender: visual, auditivo, lector/escritor y cinestésico. Vamos a definirlos uno por uno:

- El estudiante visual utiliza mapas, gráficos, tablas e imágenes para comprender y recordar nueva información.

La investigación del profesor Neil Fleming sugiere que quienes aprenden de manera visual y con lectura/escritura procesan mejor la información escrita, lo que ven con sus ojos.

- El auditivo aprende mejor si escucha conferencias y grabaciones, o participa en charlas de grupos.

- El lector/escritor prefiere todo lo que tenga que ver con la palabra escrita, ya sea leer un libro de texto o tomar apuntes.

- El cinestésico es pura actividad. Le gusta entender el funcionamiento de las cosas desmontándolas y montándolas de nuevo.

(Continúa en la página 11)

ESTRUCTURA TU MENTE

En el campo de la enseñanza, hay muchas opiniones en cuanto al mérito del concepto de "estilos de aprendizaje". Ciertos docentes, como la profesora de Biología Tanya Noel, afirman que no está comprobado que la teoría funcione. "Hay sobradas evidencias de que enseñar según los estilos de aprendizaje no ayuda a aprender", postea en su blog, The Nucleoid. "Muchos maestros y alumnos pierden tiempo y energía en eso, cuando podrían dedicarse a otros asuntos".

Otros docentes creen que hay más de cuatro estilos. Algunos están de acuerdo con el educador Howard Gardner que, en su libro de 1983 *Estructuras de la mente: La teoría de las inteligencias múltiples*, añade a los de Fleming tres estilos más:

- Interpersonal: estudiantes que procesan la información al interpretar sentimientos o estados de ánimo, comunicarse con otros y relacionarse.

- Intrapersonal: estudiantes independientes que prefieren resolver los problemas y hacer los trabajos solos en lugar de en grupo.

- Lógico-matemático: estudiantes que piensan en los conceptos y se enfrentan a los proyectos con lógica y método, aplicando la razón.

Después de leer la lista de Fleming, piensa en cómo te gusta aprender. Pregúntate: ¿Me atrae más un estilo que otros? Si puedes, elige el que describa mejor tu personalidad y tus costumbres. Ten presente que quizá sea una mezcla de dos (o incluso de tres), dependiendo de la situación. ¿Lo entiendes? Bien. Ahora que ya sabes cómo procesas hechos y conceptos nuevos, podrás utilizar ese conocimiento para aprovechar mejor el tiempo en clase y cuando estudies.

Por ejemplo, digamos que eres un estudiante auditivo. Si llevas a clase una grabadora, tal vez ayude cuando estés estudiando.

Si eres lector/escritor o visual, debes buscar otro método. Intenta tomar buenos apuntes en clase. Después,

Los estudiantes auditivos prosperan con la comunicación. Retienen mejor la información cuando se les da la oportunidad de escuchar otras opiniones y compartir sus ideas.

cuando estudies para un examen, reescribe la información en un cuaderno distinto. También conviene crear una serie de recursos infográficos y nemotécnicos que te ayuden a recordarla. Aunque estos métodos parezcan una pérdida de tiempo, verás lo sencillo y lo útil que es aplicar un(os) estilo(s) preferido(s) de aprendizaje.

MEJORA TUS PUNTOS FUERTES

El siguiente paso de "conócete a ti mismo", al menos en lo referente a demostrar lo que sabes en un examen, es re-

Es crucial tomar apuntes en clase. Ayuda a recordar y mantiene el pensamiento organizado durante el estudio.

cordar por qué eres genial. Vale, serás famoso en la escuela por llevar a clase la ropa más legendaria de tu curso, o quizá el sonido de tu cantarina voz por los pasillos provoque desmayos en el sexo opuesto, pero ¿y los estudios? ¿Destacas en algo?

Echa un vistazo a tus últimas notas. ¿Hay algún sobresaliente? Si lo hay, bravo. Date palmaditas en la espalda; en esas materias eres un as. Ya sea en Matemáticas, Inglés, Estudios sociales o Música, sacar sobresalientes significa que tu esfuerzo prueba que vales. Y en la mayoría de los casos, que lo que aprendes te apasiona.

Además de subirte la moral y hacer que tus padres se sientan orgullosos, sobresalir en algo es importante por otras dos razones. La primera es que demuestra que ya tienes buenos hábitos para hacer exámenes. Mantente así y seguirás desenvolviéndote igual de bien, y, si puedes, aplica los mismos métodos a otras asignaturas.

Quizá más importante aún es que sacar sobresalientes de forma continuada en ciertas materias indica que no necesitas gastar tanta energía en ellas en particular. Por supuesto, no dejes tampoco de esforzarte del todo, pero redistribuir tu atención te permitirá concentrarte más en las asignaturas donde falles.

¿Has redactado algún trabajo del que te sientas particularmente orgulloso y cuya nota sea un sobresaliente alto? ¿Has logrado un examen de geometría que te llevó semanas preparar? Mejor que mejor. Pégalo a la nevera con un imán

Aunque suene obvio, sacar buenas notas de forma continuada en una materia significa que estás haciendo algo bien. Descubre qué te funciona y aplícalo a otras asignaturas.

o pega tu boletín de notas. Puede parecer sensiblero, pero el reconocimiento de tus logros hará maravillas por tu autoestima, y te motivará a trabajar más en el futuro.

ACEPTA TUS PUNTOS DÉBILES Y SUPÉRALOS

A todos nos encantaría ser Wonder Woman o Superman. ¿A quién no le gustaría triunfar en todo lo que intentara? Pero, seamos realistas. Nadie es perfecto. Todos tenemos puntos fuertes y débiles, sobre todo en los estudios. ¿Y lo de hacer exámenes? Para muchos de nosotros es todo un desafío.

A fin de saber en qué campos debemos mejorar conviene hacer una lista. En la columna de la izquierda, escribe tus puntos fuertes. En la siguiente, a la derecha, lo que se te da mal. Por ejemplo: redactas muy bien, pero odias las preguntas de opción múltiple. O logras los exámenes escritos de Inglés, pero apenas pasas en los orales.

Sea cual sea tu caso, ten presentes los estilos VARK de aprendizaje cuando escribas la lista. Y recuerda: sé sincero. Seas un alumno de sobresalientes o de aprobados, estudies para un examen o te prepares para una entrevista de trabajo, no tiene sentido exagerar tus logros ni ignorar tus fallos. Así solo perderás el tiempo y disminuirás tus posibilidades de triunfar.

Ahora repasa tu lista. ¿Ves la columna de la derecha? Esas son las áreas que requieren toda tu atención. Aunque el esfuerzo te parezca abrumador, no desistas. Cultivando tus puntos fuertes y combatiendo los débiles, estarás en el buen camino para mejorar tus calificaciones y crear unos hábitos que te beneficiarán toda la vida.

Luces, cámara, acción

Ya has identificado tu estilo de aprendizaje. Ya sabes en qué campos sobresales y en cuáles necesitas mejorar. Es el momento de volver al trabajo y trazar un plan de acción con el que puedas lograr el éxito.

Esto se asemeja a presentarte a un *casting* para una película. Primero estudias el papel. Después te peinas de determinada manera o te pones el tipo de vaqueros que el personaje podría llevar. Luego te figuras cómo caminaría, hablaría e incluso pensaría. Para hacerlo averiguas todo lo posible sobre él: su música, sus lecturas o su comida favoritas.

Por último, para darle vida, te "transformas" en él llevando a la práctica lo que has aprendido. Entonces, cuando llega el momento del *casting*, estás animado, confiado y preparado para triunfar.

Hacer exámenes es igual. Para la mayoría de nosotros, hacerlos bien no es algo automático. Supone dedicación y organización, y el proceso empieza en el aula.

CONVIÉRTETE EN LA SENSACIÓN DE CLASE

No es ninguna tontería decir que el tiempo que pasas en clase es importante, sobre todo cuando se trata de preparar un examen. Entonces, ¿por qué no convertirse en el mejor alumno del mundo? Y no solo los martes, sino todo el año. Lo primero es fácil: empieza por asistir a todas las clases. Un buen expediente de asistencia es clave para sacar buenas notas. Lo único que justifica las faltas es estar enfermo

El alumno modelo asiste a clase y hace sus tareas a tiempo. Cuando te sientes responsable, es fácil sonreír desde tu pupitre.

o pasar por una urgencia familiar. Si no tienes más remedio que faltar un día, haz que tus amigos te cuenten lo que te has perdido. Pídele a tu maestro o a tus amigos que te pasen los apuntes de clase y que te digan qué tareas tienen. El siguiente paso consta de dos partes: escuchar bien y tomar buenos apuntes. Escuchar bien es sencillo, basta con estar concentrado y prestar atención en todo momento. Si las sillas no están asignadas, siéntate en la parte delantera del aula, para ver el pizarrón y oír al maestro. Aunque te apetezca sentarte al lado de esa chica tan linda que lleva siglos gustándote, si lo haces te distraerás. Deja el ligue para la cafetería.

Tomes apuntes en una computadora portátil o en un cuaderno, estate pendiente de lo que diga el maestro, y piensa en su relación con lo que has estudiado el resto del año. No te limites a apuntarlo todo. Intenta distinguir los hechos significativos y toma notas claras, ordenadas y concisas. Si no entiendes algo, no te dé miedo preguntar. Participa en las charlas de clase: contribuye con tus propias ideas y escucha lo que digan los demás. Mantén la concentración y distráete lo menos posible. Sobre todo, si en clase se permiten los dispositivos electrónicos, apaga el celular. Que ese chico tan guapo te envíe un mensaje hará maravillas por tu autoestima, pero no te servirá de nada en el examen de Ciencias.

Por último, haz las tareas. Aunque te quiten momentos de estar con la familia y los amigos, llevarlos al día

Las actividades extraescolares ocupan mucho tiempo, así que no olvides reservar una hora o dos para las tareas. Entregarlos a tiempo aumentará tu nota final.

y entregarlos a tiempo es fundamental en la preparación de exámenes. Hacer las tareas implica que comprendes un tema y demuestra a tu maestro lo bien que conoces el asunto. Además, pone de manifiesto las áreas donde necesitas mejorar. Completarlos se parece a ensayar para una obra. Cuando llegue la hora de examinarse, contarás con un conocimiento más amplio y más profundo de la materia.

ESTUDIAR ES DIVERTIDO. EN SERIO

Al ser joven tienes muchas responsabilidades. Quizá seas el capitán del equipo de fútbol, toques el bajo en un grupo, participes en el comité del anuario o formes parte del consejo escolar. Después está lo de fuera de la escuela: cuidar de los hermanos, trabajar a tiempo parcial… y, por supuesto, salir con los amigos. ¿Cómo ocuparse de todo y encima sacar buenas notas? Adquiriendo buenos hábitos.

Lo mejor para triunfar en un examen es adquirir hábitos de estudio eficaces y duraderos. Aunque te parezca aburrido, no lo es. En realidad, descubrir la manera más efectiva de estudiar resulta, sí, hasta divertido. Recuerda tu estilo de aprendizaje. ¿Eres un estudiante cinestésico? Si se acerca un examen de historia, recita en voz alta los nombres de las batallas de la Segunda Guerra Mundial mientras juegas al baloncesto con amigos de clase. Si eres lector/escritor, prepara fichas al menos una semana antes del examen y repásalas a diario en el autobús, al ir a la escuela y volver.

También importa cómo y dónde estudies. Ciertos alumnos retienen mejor la información en compañía de un colega o de varios. Otros necesitan estar a solas en un sitio tranquilo y sin distracciones, sin música ni televisión de fondo y sin comer entre horas. Sea cual sea tu caso, descubre qué te va mejor y ponte a ello. En la biblioteca, en el exterior o en casa, organiza un espacio —o varios— donde estudiar sin interrupciones. Pon tu manta o tus cojines favoritos para que sea cómodo. Pero, hagas lo que hagas, no te duermas. Si notas que tus ojos se cierran o tu mente va a la deriva, descansa quince minutos o cámbiate a un sitio donde sigas concentrado. Aunque estudiar para un examen no sea tu actividad favorita, no tiene por qué ser aburrido.

GÁNALE AL RELOJ

Todos sabemos que el día tiene veinticuatro horas, pero levanta la mano si no pierdes ninguna. ¿Sigue la mano en tu regazo? Si sigue, no te extrañe. Casi todos, si no todos, los jóvenes y los adultos organizan mal el tiempo en la mayoría de los aspectos de su vida. Por suerte, se puede arreglar.

Lo más fácil para que el tiempo te rinda más es escribir diaria o semanalmente una lista de "actividades pendientes" en papel o en tu celular, tu *tablet* o tu computadora. Quizá al principio te resulte molesto, pero anotar todo lo que merece atención cuando te preparas para un examen —tareas, trabajos, actividades sociales— te obligará a no perder de vista los objetivos y te ayudará a terminar cada tarea a tiempo. Además, tiene otra ventaja: tachar todo lo que acabes. Trazar una línea sobre cada "actividad pendiente" te dará la sensación del deber cumplido y te animará a dedicarte a otra.

Además de tu lista de gestión del tiempo, un horario diario o semanal te ayudará a organizarte y aplacará el estrés. Reserva tiempo para leer o escribir trabajos, apunta las

Apunta en un calendario las tareas, exámenes y entregas de trabajos en las fechas correspondientes. Después, anota la parte divertida: actividades extraescolares y quedadas.

actividades escolares y anota las fechas de los exámenes. En la semana previa a cada uno, dedica de cuarenta y cinco minutos a una hora de la tarde a estudiar.

Será un tiempo dedicado a repasar, preparar fichas, revisar conceptos con un grupo de estudio o examinarte a ti mismo.

Quizá el consejo más fructífero a la hora de mejorar la capacidad para organizar el tiempo es reservar "tiempo propio". Date una vuelta a la manzana, tómate algo, escucha música o llama a un amigo para charlar un rato. Está demostrado que tomarse descansos en las sesiones de estudio mejora la memoria, sube el ánimo y relaja los músculos.

SALUD SIGNIFICA RIQUEZA

Según la Fundación Nacional del Sueño, la mayoría de los jóvenes duermen de forma irregular entre semana. Se

(Continúa en la página 24)

DARSE EL ATRACÓN

También está demostrado que procrastinar y esperar a la última noche antes del examen para prepararlo es la fórmula perfecta para el desastre. Además de aumentar la ansiedad, resulta de todo punto imposible asimilar y retener los conocimientos necesarios en tan poco tiempo.

Como ya sabrás, casi todos los jóvenes están muy ocupados. En ocasiones, es imposible dedicar una semana o más a preparar un examen. Si no te queda otro remedio que machacar, estos son algunos consejos para que te rinda:

- No salgas toda la noche. Si lo haces, te sentirás cansado. A un cerebro agotado le resulta difícil recordar la información.

- Reduce al mínimo la cafeína y las bebidas azucaradas, sobre todo de noche. Un refresco puede hacer que te derrumbes en el momento más inoportuno.

- No intentes lo imposible. Si no has leído todo el material, no trates de hacerlo la noche antes. Limítate a leer por encima y toma notas de los detalles principales. No contestarás todas las preguntas, pero responder algunas bien es mejor que intentar aprendérselo todo y no acordarse de nada.

Reservar un "tiempo propio" es saludable. Oír música, hornear galletas o dar un paseo por el parque te ayudará a romper con la monotonía del estudio.

quedan despiertos hasta las tantas y se levantan de madrugada para ir a clase. A fin de recuperar el tiempo perdido, los fines de semana se acuestan tarde, a veces después de la 1:00 de la madrugada. Esos altibajos afectan al reloj biológico y perjudican la calidad del sueño.

¿Te suena de algo? Si es así, ya es hora de que cambies tus costumbres. La Fundación Nacional del Sueño recomienda dormir de ocho a diez horas por noche. Uno de sus estudios demuestra que solo el quince por ciento de los adolescentes encuestados encaja en esta categoría. Si duermes menos de ocho horas la mayoría de las noches, es el momento de modificar tu horario y convertir el sueño en

MEDITACIÓN

Estudiar para un examen, por no hablar de hacer el examen, puede ser una experiencia que ataque los nervios. Y el estrés se traduce a veces en trastornos físicos, como hombros acalambrados, dolor de espalda o malestar de estómago.

Cuando te prepares para un examen, tómate un tiempo para cuidar de tu cuerpo. Haz algunos estiramientos o veinte minutos de ejercicios de yoga, y escucha música tranquila tumbado de espaldas en el suelo.

Si estás abierto al tema, la meditación hace maravillas por la memoria. Te ayuda a descartar información poco importante y relaja la mente. Siéntate, cierra los ojos, aspira por la nariz y espira por la boca al menos diez minutos. Practicando de forma regular, te sorprenderá lo que tu rendimiento escolar y tu actitud mejoran con el tiempo.

una prioridad. Además de dormir, hacer ejercicio es necesario para desenvolverse bien en un examen y mantener la agudeza mental. Según las Guías de Actividad Física del Ministerio de Sanidad estadounidense, los niños y adolescentes de seis a diecisiete años deben hacer al menos una hora de ejercicio diaria y tres días de ejercicio aeróbico — por ejemplo, correr o jugar a algún deporte— semanales.

La meditación y el yoga calman la mente y fortalecen el cuerpo. Muchos estudiantes hacen mejor los exámenes con una rutina de ejercicios diaria o semanal.

Las guías también recomiendan los ejercicios de musculación y fortalecimiento óseo, como las flexiones, el levantamiento de pesas o las sentadillas. La actividad física mejora el rendimiento cognitivo, el comportamiento en clase y las calificaciones escolares.

La dieta equilibrada también influye, lo que supone comer bien tres veces al día. Según los Centros de Control de Enfermedades, saltarse comidas disminuye la atención, la lucidez y la capacidad para resolver problemas y procesar información. Las dietas bajas en vitaminas A, B-6, B-12, C, folato, hierro, zinc y calcio reducen el rendimiento académico.

Si quieres que estudiar te rinda, mejora tu alimentación. Toma comidas que incluyan fruta, verdura, cereales, lácteos y proteínas bajas en grasa. Evita alimentos grasos como papas fritas, comida basura o galletas. Y, sobre todo, reduce al mínimo las comidas azucaradas, como dulces o refrescos, y los alimentos ricos en sodio, como sopas envasadas. El estómago sano sanea la mente.

Pedir ayuda

Estudies o trabajes, ciertas situaciones de gran tensión causan nerviosismo. ¿Te servirán las horas pasadas al volante para aprobar el examen de conducir? ¿Impedirán las semanas de ensayo que metas la pata en la función anual de la escuela? Cuando se trata de preparar un examen, a veces es agobiante cargar con todo tú solo.

Por eso es fundamental pedir ayuda, y la forma de hacerlo depende de tus objetivos y tu nivel de confort. Recurre a tus amigos o a tus orientadores escolares o a cursos en línea, pero aprovecha todos los medios a tu alcance para sofocar tu ansiedad y controlar tus progresos.

RECURRE A TUS MAESTROS

La persona que está más a mano para ayudarte en un examen es, sin duda, tu maestro. Al fin y al cabo, es el que hace las preguntas. Pero convertirlo en compañero de estudios no es tan fácil como preguntarle: "¿Qué va a poner en el examen?". Eso no te lo diría, así que con preguntas

Tus maestros son los recursos perfectos para preparar exámenes. Ellos te informarán de los tipos de preguntas que contendrán y te explicarán los conceptos que te hayas perdido.

más genéricas, pero mejor enfocadas, sabrás en qué temas centrarte. Aquí van algunos ejemplos:

- ¿Cuál es el formato del examen? ¿Habrá preguntas de respuesta múltiple, preguntas cortas o preguntas de ensayo? Si es de preguntas cortas, ¿cuántas habrá?

- ¿Cuál es la calificación de cada pregunta? ¿Se califican igual todas las partes del examen?

- ¿Habrá preguntas para subir nota?

- ¿Cuánto contará el examen en mi nota final?

- ¿Será acumulativo o solo de la materia que hemos dado desde el último examen?

- ¿Puede sugerirme en qué material debo centrarme más o qué métodos serán más efectivos cuando estudie?

Además de estos detalles, conviene preguntar todo lo que no entiendas de tus lecturas, deberes o clases. Puede que te sientas incómodo al admitir que no has captado algunos conceptos, pero reconocer lo que no sabes demuestra que te interesa aprender y ser buen estudiante. También demuestra madurez.

Ten presente que la oportunidad importa. Aunque pedir ayuda al maestro en clase es aceptable, es preferible hacerlo después o en horas de oficina. Así no te interrumpirán tus compañeros, y él dispondrá de más tiempo para atenderte. Como, además, estás demostrando iniciativa, te dará más detalles.

GRUPOS DE ESTUDIO: PROS Y CONTRAS

Los maestros suelen ser gente muy ocupada. Tienen que preparar clases y asistir a reuniones. Muchos alumnos cuentan con ellos durante toda la jornada escolar. Por eso, si el tuyo no está disponible para ayudarte a preparar un examen concreto, no te apures. Hay otra opción que puede rescatarte: el grupo de estudio.

Estos grupos ofrecen la ventaja de facilitar dos objetivos en uno: estudiar y relacionarse. Si lo eliges bien, no solo te beneficiarás de los hábitos de estudio de sus miembros,

¿Tienes que hincar los codos para un examen y no te apetece hacerlo solo? Formar un grupo de estudio con alumnos similares subirá tus notas al fomentar el aprendizaje colaborativo.

sino que te divertirás. Por ejemplo, uno de tus compañeros toma excelentes apuntes y dispone de una información que otros se han perdido. A otro se le da bien entender cierto tema y puede explicárselo a los demás. Incluso responder preguntas de repaso a tus compañeros te ayudará a rellenar los huecos de tus conocimientos. O al

31

describir un concepto a otros, comprenderás mejor un tema. Formar parte de un grupo serio también supone que la gente depende de ti, para que les des información y apoyo. ¿Y eso importa? Sí, porque significa dejar a otros tirados si no cumples tu cometido. Considera las reuniones como un trabajo. Llega a tiempo, establece objetivos claros de antemano y sé organizado. Participa en las sesiones de repaso y ejerce el liderazgo cuando te toque. Cíñete al horario establecido y aprovecha a fondo los encuentros. Si das lo mejor de ti, obtendrás resultados.

Si te resulta difícil estudiar solo, pertenecer a un grupo te dará la organización y la motivación necesarias. No obstante, hay ciertos inconvenientes. Uno, si eres el único que toma buenos apuntes, corres el riesgo de perder el tiempo llenando las lagunas de los demás sin recibir nada a cambio. Asegúrate de que todos dan y reciben.

Dos, si tu grupo está formado por amigos, tendrán que esforzarse más para mantener la concentración. La

(Continúa en la página 34)

ELEGIR O PERDER

¿Estás formando un grupo de estudio? ¿Necesitas animar las reuniones de tu grupo cuando les toca preparar exámenes? Aplica estos métodos para seguir por el buen camino y maximizar tu potencial antes de la fecha del examen:

- Lo ideal es que el grupo tenga de cuatro a seis miembros y esté formado por gente que quiera sacar buenas notas, no solo hacer amigos. Cuanto más pequeño sea, más aprovecharás los puntos fuertes de cada miembro. Así, todos participarán de forma justa y equitativa.

- Reúnanse en zonas donde no les distraigan, como la biblioteca escolar o el sótano de algún compañero. Aunque una cafetería apetezca más, es fácil distraerse con la música, los clientes y el ajetreo.

- La duración más adecuada para las sesiones es de dos a tres horas. Menos les daría sensación de agobio y más se haría largo. El secreto es mantener la concentración mientras duren.

- Si pueden, reúnanse semanalmente a la misma hora. Así, cada miembro podrá preparar sus otras actividades y mantener las cancelaciones al mínimo.

- Elijan un líder semanal para organizar la reunión. De esta forma, todos serán responsables, pero ninguno cargará con todo el peso. Celebren elecciones la semana previa a cada reunión, o lleven una hoja donde firmen los voluntarios que puedan organizarla cuando mejor les venga.

tentación de no hacer nada es fuerte. Establece media hora de descanso para charlar o preparar un baile. De esta forma, guardarás para entonces tus deseos de relacionarte y serás más productivo el resto del tiempo.

AYUDA PROFESIONAL: CLASES Y PROFESORES PRIVADOS

En ciertas situaciones, como estudiar para un examen de Cálculo muy difícil o preparar una prueba de acceso a la universidad, hay que tomar medidas drásticas. Quizá la ayuda de tu maestro no baste o tu intención de formar un grupo de estudio productivo no dé resultado. Sea cual sea el motivo, buscar ayuda externa, como clases en línea o privadas, será fructífero para tu plan de acción.

Analicemos esas opciones. Si tu familia tiene medios económicos, contratar un profesor privado es un gran paso para estudiantes auditivos (recuerda el VARK) que prefieren clases individuales. ¿Por qué? Porque las lecciones se ajustarán a sus necesidades. Hay maestros de muchos tipos. Alguno de tus padres, un bibliotecario o un profesional de tu comunidad, por ejemplo. Si vives cerca de una universidad, vale la pena visitarla, porque los estudiantes de los primeros cursos suelen dar clase a alumnos de bachillerato y de enseñanza media para ganar un dinero extra. Los precios varían. Investiga en Internet los de tu zona.

Si prefieres asistir a una clase, hay cientos, si no miles, de opciones, en función de dónde vivas. Las organizaciones como Kaplan y la Princeton Review ofrecen clases de preparación de exámenes en todo Estados Unidos y parte de Canadá. Estos cursos te enseñarán estrategias para estudiar y hacer las pruebas de acceso a la enseñanza superior (PSAT, SAT, ACT y AP) con ejemplos reales. También dan consejos para los formularios de acceso a la universidad, con ayuda por correo electrónico, celular o chat en directo. Aunque el precio y la duración de las clases varían, la mayoría son caras y precisan

Los universitarios son buenos maestros particulares, suelen cobrar menos que los profesionales y ofrecen consejos para los exámenes, como qué hacer primero y las trampas a evitar.

una asistencia rigurosa. Por ejemplo, la Princeton Review ofrece cursos para el SAT de muchas horas diarias durante seis semanas.

Por último, para los lectores/escritores, o para aquellos que carezcan del dinero suficiente, hay muchos recursos en línea por poco coste. Incluso para los test estandarizados

(Continúa en la página 37)

CÓMO PREPARAR
UN EXAMEN SIN ARRUINARSE

Sería genial que te tocara la lotería, ¿verdad? Pero todos sabemos que el dinero no crece en los árboles. Contar con un presupuesto mínimo o nulo para preparar un examen no significa que estés destinado al fracaso. Solo necesitas afinar tus herramientas.

Por suerte, maestros y profesionales de todo el mundo trabajan para crear en línea recursos asequibles que faciliten el aprendizaje y lo hagan menos estresante y más divertido. Aquí te damos algunos:

- March2Success ofrece programas de estudio gratuitos para matemáticas, inglés y ciencias, y se centra en las materias de los cursos 8-12. También dispone de ejemplos prácticos de exámenes de acceso a la universidad (SAT y ACT) e información sobre becas y ayuda financiera.

- En la Academia Khan, que trabaja en colaboración con el College Board, encontrarás estrategias gratuitas para preparar el SAT dirigidas a todo tipo de estudiantes, y cursos en línea sobre cualquier materia, desde Álgebra a Programación de computadoras.

- Una alternativa barata a las caras clases para el SAT o el ACT es eKnowledge, que, por un precio asequible, dispone de programas, en línea y DVD, que incluyen más de once horas de instrucciones en vídeo y más de tres mil archivos de material adicional para preparar exámenes.

- Los socios de CollegeSpring, con escuelas y organizaciones comunitarias, ayudan a los alumnos de bajo rendimiento a mejorar las notas del SAT, y a todos los estudiantes a navegar por las páginas de admisión a la universidad y de ayuda financiera.

de la enseñanza media y del instituto hay guías. Internet también contiene una increíble variedad de sitios orientados a la educación, como PrepScholar, Coursera o MathaTV.

Ya estudies para el TOEFL o simplemente quieras repasar un tema para un examen de Geometría, pide ayuda en la biblioteca escolar.

La hora del examen

Hay mucha gente que odia los exámenes. Es un hecho. Pero si has llegado hasta aquí, significa que te interesa hacerlos bien para mejorar tus notas. Ya has invertido el tiempo necesario a fin de organizarte para el gran día. ¡Seguro que lo logras! Pero, antes de ir al aula o al centro de exámenes, anota unas cuantas estrategias más. Lo principal es que pongas el despertador la noche antes. Colócalo en la otra punta de la habitación, para que te veas obligado a salir de la cama. Si te preocupa quedarte dormido, pon dos despertadores o pídele a un familiar o a un amigo que te llame. Si eres un usuario crónico del botón de repetición, pon antes la alarma para compensar. Date el tiempo necesario para vestirte sin prisas. Repite los temas en voz alta en la ducha, para ir calentando el cerebro. Ponte ropa y calzado cómodos. Bébete un café, si es lo que prefieres. Haz un desayuno equilibrado con muchas proteínas para mantener la energía todo el día. Si ya estás en edad de conducir y tu examen es a primera hora, date al menos quince minutos de sobra que te permitan ir sin acelerar y encontrar estacionamiento. Lo último que querrás es encontrarte cerrada la puerta del aula.

ENTRA. PREPÁRATE

Puede que se te encoja el estómago o que te preocupe no acabar todas las preguntas, pero una vez que estés en el aula, olvídate de la ansiedad. Lo único que debes hacer es comprobar si tienes todo lo que necesitas antes de que empiece el examen.

¡No te olvides de desayunar! Un huevo duro y un bol de yogur con fruta mantendrán tus energías toda la mañana.

Si vas a hacer una prueba estandarizada como el SAT o el ACT y puedes elegir dónde sentarte, elige bien, como en clase. Si te distraes con facilidad, no te sientes junto a una ventana; algo que pase fuera puede desconcentrarte. Asegúrate de llevar reloj o de ver uno de pared desde tu sitio.

Ahora que ya estás sentado y cómodo, revisa tu cartera o tu mochila para comprobar que has sacado todo lo necesario. Si el examen es sobre papel, dispón al menos de dos bolígrafos azules o negros, o dos lápices afilados, en función de lo que esté permitido. Así tendrás de repuesto si uno se rompe o se estropea. Si el examen es de Matemáticas y el centro no prohibe el uso de la calculadora, ponla también sobre el pupitre, y acuérdate de llevar un juego de pilas de repuesto.

Por último, si te dejan, coloca una botella llena de agua. Por desgracia, en muchos exámenes no se permiten ni comidas ni chicles. Los ruidosos envoltorios distraen. Pero estar hidratado es lo mejor para mantener tu sed a raya y tu mente activa. Atención: no bebas demasiado o tendrás que ir al baño.

ESTRATEGIAS GENERALES

Ya se trate de completar enunciados y de preguntas verdadero-falso, de un ensayo, o de una combinación de ambos, hay algunas estrategias que funcionan para todo. Primera, lee el examen entero para saber qué tipo de preguntas formula y cómo está estructurado. No te limites a lanzarte. Esto tan sencillo te ayudará a trazar un mapa mental para decidir qué tiempo dedicar a cada pregunta antes de pasar a la siguiente. Además, minimiza el pánico que podría desatarse a medio examen.

Segunda, al empezar, comprueba que lees bien las instrucciones, lo que supone leerlas enteras… siempre. Contienen información importante que necesitas saber antes de escribir. Por ejemplo, en un ensayo, muchos estudiantes pierden puntos al dar solo una respuesta cuando deben dar tres.

Te vaya como te vaya, recuerda controlar el tiempo. Es crucial seguir un ritmo. Si crees que vas demasiado despacio, no te asustes. Limítate a seguir. No te entretengas mucho en una pregunta. Si puedes, rodea con un círculo las que te den problemas y vuelve a ellas cuando hayas respondido las fáciles.

UNOS CUANTOS TRUCOS

Aunque seas un alumno de primera, quizá no puedas contestar bien todas las preguntas. Pero siguiendo unos consejos sencillos, responderás las de opción múltiple, redactarás con claridad los ensayos y resolverás problemas de matemáticas con poderío. Veamos las partes más corrientes de un examen:

"LOGRAR" LA OPCIÓN MÚLTIPLE

- Utiliza el proceso de eliminación. Si quitas primero las respuestas erróneas, estarás un paso más cerca de la verdad.

41

Al hacer exámenes, presta atención al tiempo. Gastar demasiado en una sola parte te impedirá acabar el resto con calma.

• Ten cuidado con la opción «todas las anteriores». Para que sea cierta, todas tienen que serlo. Lo mismo se aplica a "ninguna de las anteriores".

• Presta atención a las pistas del contexto. Las palabras como *pero, aunque, luego* y *porque* te ayudarán a tachar respuestas erróneas.

VERIFICAR LO VERDADERO-FALSO

• Toma nota de las palabras que definan algo absoluto, como *nunca, siempre, todos* y *nadie*. Suelen indicar que la respuesta es falsa. ¿Por qué? Porque la mayoría de las afirmaciones no son ni blancas ni negras. Eso suele ser la excepción.

• Del mismo modo, términos como *normalmente, a veces, muchos* o con *frecuencia*, suelen indicar que la respuesta es cierta.

- Ten cuidado con las frases con dos declaraciones ciertas que no estén relacionadas. Por ejemplo: Babe Ruth es un famoso jugador de béisbol porque juega en los New York Yankees. Ambas partes son correctas, pero Babe Ruth no es famoso porque jugara en ese equipo.

LA COMPRENSIÓN LECTORA

- Ojea todas las preguntas antes de leer el fragmento, esto te ayudará a concentrarte más deprisa en la información relevante.

- Si puedes, resalta o subraya palabras o frases clave mientras leas. Después, vuelve atrás para encontrar pruebas que apoyen las respuestas elegidas.

- Presta atención a las tablas, las ilustraciones o los gráficos que aparezcan, ya que te darán información adicional.

SIMPLIFICAR LAS MATEMÁTICAS

- Si estás resolviendo un problema de matemáticas que incluye respuestas de opción múltiple, tenlas presentes cuando hagas los cálculos. Pueden ser pistas para encontrar algún atajo.

- Enseña todo lo que hagas. Usa diagramas e ilustraciones para ayudarte a resolver problemas difíciles.

¿SUPONER O NO SUPONER?

Desde marzo de 2016, el SAT no penaliza las respuestas incorrectas. Si estás inmerso en un test estandarizado y te atascas en una pregunta, lo mejor es suponer. Pero no a lo loco. Reduce las opciones sin pensar demasiado y confía en tu instinto. Si estás perdido, pregúntate qué respuesta te suena más. Es probable que sea la buena.

¿Otra que te parece mal? Vuelve atrás y cámbiala, pero siempre que estés totalmente seguro de que tu nueva elección es mejor. Está demostrado que la primera suele ser la correcta.

- Escribe con letra clara. Aunque contestes mal, escribir bien te subirá puntos en ciertos exámenes.

ENFOCA BIEN LOS TEMAS

- Haz un resumen rápido o anota algunas ideas que quieras incluir. Eso te ayudará a organizarte y podrás presentar las ideas de forma clara y concisa.

- Estructura el tema como si fuese un trabajo que redactaras para clase. Debería contener una introducción, un cuerpo consistente en algunos párrafos cortos y una conclusión.

Si estás haciendo un test Scantron, asegúrate de que cada círculo que rellenas corresponde a la pregunta que contestas. Es fácil saltarse una línea, así que, cuidado.

- Asegúrate de que tu tesis sea concluyente y apoye las ideas del resto del trabajo. Respalda las ideas con pruebas y hechos.

REPASA, REVISA, RELÁJATE

Cuando el examen llega a su fin, es fácil asustarse y perder los últimos y preciosos momentos. No te desconcentres. Los diez últimos minutos pueden ser decisivos para subir la nota, aunque solo sean algunos puntos.

Empieza por repasar y responder las preguntas que te falten. En la mayoría de los casos, es mejor que dejarlas en blanco. Así tienes una de cuatro, o a veces una de dos, posibilidades de elegir la correcta. Después, cambia las que hayas contestado mal. Recuerda: esto supone a menudo elegir la respuesta errónea, así que sé especialmente precavido con las partes de opción múltiple y las de verdadero o falso.

Cuando estés satisfecho con el examen, dale la vuelta, guarda tus cosas y vete sin hacer ruido. O, si estás en clase, sigue sentado hasta que tus compañeros acaben. Entonces, y esto es quizá lo principal, respira hondo, relájate y alégrate. Has acabado. Es hora de invitarte a un helado o de divertirte con un amigo. ¿Por qué? Porque el trabajo duro merece una fabulosa recompensa.

Sé tu propio jefe

Tu epopeya de hacer exámenes ha terminado. ¡Enhorabuena! Pero que hayas acabado de rellenar filas de diminutos círculos en una hoja Scantron o de escribir ensayos en francés para tu lengua extranjera no significa que tu trabajo esté hecho. Aún te queda mucho. En realidad, los pasos que des después de un examen no solo te ayudarán a aprender de tus errores, sino que te animarán a adquirir hábitos saludables y duraderos, y a establecer objetivos para el futuro. Lo que se llama *ser tu propio jefe*.

RECUPÉRATE

Para sacar buenas notas y seguir el ritmo en los estudios, hay que elegir bien. Ser tu propio jefe supone organizar tu tiempo de forma efectiva y ser disciplinado. También significa hacerte responsable de tus éxitos… y de tus fracasos. Si logras un examen o escribes un ensayo perfecto, sigue así. Tus hábitos de estudio compensan.

Ya has entregado el examen. ¿No es genial? Te sientas feliz o, por el contrario, estés insatisfecha, siempre habrá una "próxima vez" para hacerlo mejor.

Si no te ha salido tan bien como esperabas, no te deprimas ni te rindas. El refuerzo negativo suele provocar más fallos. Además, al contrario de lo que se cree, una mala nota no arruina tus posibilidades de triunfar, siempre que no se convierta en una costumbre. Intenta transformar la situación desfavorable en positiva. Si tu maestro tiene tiempo y ganas, repasa con él las respuestas que no hayas sabido en el examen. Si se trata de una redacción o un ensayo, pregúntale cómo mejorarlos. Recuerda, si al final de la sesión todavía hay algo que no entiendas, dilo. Nunca aprenderás de tus errores si no haces preguntas.

Lo fundamental para ser tu propio jefe es saber cuándo cambiar tus actos para que funcionen a tu favor. Por ejemplo, digamos que el examen de Biología te ha salido fatal por haber elegido a tu novio de compañero de estudios y haber pasado más tiempo procrastinando que estudiando.

La próxima vez, no esperes hasta el último minuto. Toma nota de las decisiones que no te han funcionado y cámbialas por comportamientos que te beneficien en el futuro.

¿COLEGA DE ESTUDIOS O AMIGO ÍNTIMO?

Uno de los errores más frecuentes que cometen los alumnos es elegir amigos íntimos como compañeros de estudio. No siempre es malo. Pero es difícil concentrarse cuando hay tantas cosas interesantes que comentar, como música, ligues, deportes y cotilleos escolares. Procura elegir a alguien con quien puedas centrarte en el trabajo, de quien puedas aprender y te anime a mejorar.

Por otro lado, también es importante elegir bien a los amigos. Los colegas que te empujan a saltarte clases y no hacer los deberes son una mala influencia. Sea cual sea la situación, los verdaderos amigos son los que te animan cuando estás decaído y se alegran como locos cuando triunfas.

Si hincas los codos durante la hora previa al examen, contestarás algunas preguntas, pero no sacarás buena nota. No procrastines. Empieza a estudiar antes.

BIENVENIDO AL MUNDO REAL

Pulir y fortalecer tus habilidades para preparar exámenes es uno de los mejores logros en la enseñanza media y el bachillerato, ya que con un buen expediente académico y una buena nota en las pruebas de acceso (SAT o ACT en EE. UU.), podrás entrar en un centro de estudios superiores, un instituto profesional o una universidad. Pero los hábitos de estudio que adquieras no solo te servirán durante tus años de formación, sino en el mundo real, porque son los cimientos de una carrera sólida.

Aunque hay muchos tipos de empleado modelo, todos tienen una característica en común, como pasa con los alumnos. Ya sean directores de una gran corporación o simples ayudantes, casi todos los profesionales de éxito son buenos oyentes y comunicadores,

Los líderes empresariales trabajan mucho, pero no "se duermen en los laureles". El éxito requiere empuje, valor y un deseo firme y constante de mejorar.

y organizan su tiempo eficazmente para no descuidar las prioridades. Muy a menudo hacen malabarismos con varios proyectos al día y siempre cumplen los plazos. Ser capaz de trabajar de forma independiente y de colaborar en un equipo son dos de las principales cualidades que buscan los empleadores.

Quizá las habilidades más útiles al empezar una carrera las hayas aprendido al prepararte para un examen: confianza y fuerza de voluntad. Si eres consciente de lo que sabes, admites lo que ignoras y te esfuerzas por alcanzar tus metas, estás destinado a triunfar. ¡Buena suerte en tu travesía!

GLOSARIO

BOLETÍN Cuadernillo o papeleta en que se anotan las calificaciones de un alumno.

CINESTÉSICO Relativo a los movimientos del propio cuerpo.

COGNITIVA Un tipo de capacidad mental, como pensar, aprender, recordar o entender.

FRUCTÍFERO Que produce fruto, que es productivo.

HINCAR LOS CODOS Estudiar con ahínco.

INFOGRAFÍAS Imágenes que utilizan palabras, tablas y gráficos para describir un concepto o una idea.

INICIATIVA Capacidad personal de comenzar algo.

INTERPERSONAL Que ocurre entre personas.

INTRAPERSONAL Que ocurre en una persona.

MACHACAR Estudiar con ahínco una materia.

MEDITACIÓN Práctica para entrenar la mente, a fin de relajarse o de reflexionar, entre otras cosas.

ÓPTIMO Ideal, lo mejor.

PROCRASTINAR Dejar para más tarde. Aplazar.

PRODUCTIVO Que es útil y provechoso.

RECURSO NEMOTÉCNICO Truco que ayuda a retener información o mejorar la memoria.

REDISTRIBUIR Repartir algo de nuevo según un criterio.

RELEVANTE Importante, significativo.

SCANTRON Test de opción múltiple o de verdadero-falso, donde se rellenan círculos para contestar.

TOEFL (*Test of English as Foreign Language*) Prueba estandarizada de dominio del inglés estadounidense como idioma extranjero.

PARA MÁS INFORMACIÓN

The College Board
250 Vesey Street
New York, NY 10281
(212) 713-8000
Sitio web: https://www.collegeboard.org

Constituido por más de seis mil instituciones educativas de Estados Unidos, el College Board prepara a los estudiantes para hacer los exámenes SAT y ACT, y ofrece programas para buscar, presentarse y financiar la escuela profesional.

"I Have a Dream" Foundation
322 Eighth Avenue, 2nd Floor
New York, NY 10001
(212) 293-5480
Sitio web: http://www.ihaveadreamfoundation.org

Esta fundación ayuda a los estudiantes de comunidades desfavorecidas a conseguir sus objetivos en la enseñanza superior mediante el aprendizaje de habilidades vitales, y les proporciona las herramientas necesarias para sobresalir en la escuela y más adelante. También garantiza la ayuda económica para la enseñanza superior.

Kaplan, Inc.
6301 Kaplan University Avenue
Fort Lauderdale, FL 33309
(954) 515-3993

Sitio web: http://kaplan.com

Con sucursales regionales por todo Estados Unidos, Canadá y más de treinta países del extranjero, Kaplan es una de las principales compañías mundiales especializada en preparar para exámenes y carreras.

Library of Congress
Thomas Jefferson Building
10 First Street SE
Washington, DC 20540
(202) 707-8000
Sitio web: https://www.loc.gov

La Biblioteca del Congreso proporciona a los estudiantes recursos y oportunidades para investigar que incluyen millones de libros, grabaciones en audio y archivos históricos. Es además la mayor biblioteca del mundo, con tres edificios llenos de cómodos sitios para estudiar.

Oxford Learning
747 Hyde Park Road, Suite 230
London, ON N6H 3S3
Canada
(519) 473-1460
Sitio web: https://www.oxfordlearning.com

Con más de cien centros en Canadá, Oxford Learning proporciona programas educativos para alumnos, desde preescolar al instituto, incluyendo instrucciones para hacer bien los deberes, estudiar con eficacia y triunfar en las escuelas profesionales y técnicas.

University of California Early Academic Outreach Program
(EAOP) UC Berkeley Office
2150 Kittredge Street, Suite 3A
Berkeley, CA 94720-1060 (510) 642-2364
Sitio web: http://www.eaop.org
EAOP, que sirve a estudiantes de más de 150 escuelas públicas
K-12 por toda California, les enseña importantes habilidades relacionadas con el trabajo, colabora en la
mejora de su situación académica y los guía en las
solicitudes de admisión y de ayuda económica de la
enseñanza superior.

SITIOS DE INTERNET

Debido a la naturaleza cambiante de los *links* de Internet, Rosen
Publishing ha publicado una lista *online* de sitios web relacionados
con el tema de este libro. Este sitio se actualiza con regularidad.
Utiliza el siguiente *link* para acceder a la lista:

http://www.rosenlinks.com/SFS/testprep

MÁS LECTURAS

College Board. *The Official SAT Study Guide, 2016 Edition.* New York, NY: CollegeBoard, 2016.

Covey, Sean. *The 7 Habits of Highly Effective Teens.* New York, NY: Touchstone, 2014.

Crossman, Ann. *Study Smart, Study Less: Earn Better Grades and Higher Test Scores, Learn Study Habits That Get Fast Results, and Discover Your Study Persona.* Berkeley, CA: Ten Speed Press, 2011.

Fry, Ron. *Surefire Tips to Improve Your Study Skills (Surefire Study Success).* New York, NY: Rosen Publishing, 2016.

Fry, Ron. *Surefire Tips to Improve Your Test-Taking Skills (Surefire Study Success).* New York, NY: Rosen Publishing, 2016.

Hollsman, Jessica. *The High School Survival Guide: Your Roadmap to Studying, Socializing & Succeeding.* Coral Gables, FL: Mango Publishing, 2016.

Maats, Hunter, and Katie O'Brien. *The Straight-A Conspiracy: Your Secret Guide to Ending the Stress of School and Totally Ruling the World.* Los Angeles, CA: 368 Press, 2013.

Muchnick, Cynthia Clumeck. *The Everything Guide to Study Skills.* Avon, MA: Adams Media, 2011.

Muchnick, Cynthia Clumeck. *Straight-A Study Skills: More Than 200 Essential Strategies to Ace Your Exams, Boost Your Grades, and Achieve Lasting Academic Success.* Avon, MA: Adams Media, 2013.

Rozakis, Laurie. *Super Study Skills: The Ultimate Guide to Tests and Studying.* New York, NY: Scholastic Reference, 2002.

Rozakis, Laurie. *Test-Taking Strategies & Study Skills for the Utterly Confused.* New York, NY: McGraw-Hill. 2003.

Weisman, Stefanie. *The Secrets of Top Students: Tips, Tools, and Techniques for Acing High School and College.* Naperville, IL: Sourcebooks, 2013.

BIBLIOGRAFÍA

Centers for Disease Control and Prevention, May 2014. "Health and Academic Achievement." https://www.cdc.gov.

Centers for Disease Control and Prevention. "Youth Physical Activity Guidelines Toolkit," August 27, 2015. https://www.cdc.gov/healthyschools/physicalactivity/guidelines.htm.

EducationCorner.com. "Study Skills for Students." Retrieved September 28, 2016. http://www.education-corner.com/study-skills.html.

EducationCorner.com. "Using Study Groups." Retrieved September 28, 2016. http://www.educationcorner.com/studing-groups.html.

Ellis, Julie. "8 Inspiring eLearning Websites That Offer Students Inspiring Educational Alternatives." eLearning Industry. https://elearningindustry.com.

Mangrum-Strichart Learning Resources. "Study Skills Articles." Retrieved September 28, 2016. http://www.how-to-study.com/study-skills-articles.asp.

Markarian, Margie. "Checklist: Test-Taking Strategies for Middle and High School Students." Scholastic Inc. Retrieved September 28, 2016. http://www.scholastic.com.

Nast, Phil. "Test Prep & Review Strategies for Grades 9-12." National Education Association, March 7, 2016. http://www.nea.org/tools/lessons/Test-Prep-Review-Strategies-Grades-9-12.html.

National Sleep Foundation. "Teens and Sleep." Retrieved September 28, 2016. https://sleepfoundation.org/sleep-topics/teens-and-sleep.

North, Anna. "Are 'Learning Styles' a Symptom of Education's Ills?" New York Times, February 25, 2015. http://www.nytimes.com.

Nutrition.gov. "For Teens and Tweens," September 22, 2016. https://www.nutrition.gov/life-stages/adolescents/tweens-and-teens.

Open Culture. "200 Free Kids Educational Resources: Video Lessons, Apps, Books, Websites & More." Retrieved September 28, 2016. http://www.openculture.com/free_k-12_educational_resource.

The Princeton Review. "The New SAT. We're ON IT." Retrieved September 28, 2016. http://www.princeton-review.com/college/sat-changes.

Rhone, Nedra. "Free and Affordable Test Prep Options for the SAT and ACT." AJC.com, September 22, 2016. http://www.ajc.com.

Savage, Lorraine. "Top Five Questions to Ask Your Professor Before Your Final Exam." Cengage Brainiac, April 1, 2014. http://blog.cengagebrain.com.

Staffaroni, Laura. "The Best Way to Review Your Mistakes for the SAT/ACT." PrepScholar, April 30, 2015. http://blog.prepscholar.com/the-best-way-to-review-your-mistakes-for-the-sat-act.

Staffaroni, Laura. "How Much Should You Pay for SAT/ACT Tutoring?" PrepScholar, April 16, 2015. http://blog.prepscholar.com/how-much-should-you-pay-for-sat-act-tutoring.

Sylvan Learning. "Study Skills." Retrieved September 28, 2016.http://www.sylvanlearning.com/blog/index.php/tag/study-skills.

Teach.com. "Learning Styles: All Students Are Created Equally. and Differently." Retrieved September 28, 2016. https://teach.com/what/teachers-teach/learning-styles.

VARK Learn Limited. "The VARK Modalities." Retrieved September 28, 2016. http://vark-learn.com/introduction-to-vark/the-vark-modalities.

ÍNDICE

A

ACT, 35-36, 39, 50
admisiones en facultades, 37
amigos, 4, 18, 20, 22, 28,
    32-33, 38, 46, 49
ansiedad, 4, 23, 28, 39
aprender de los errores, 47-49
aprender en clase, 17-19
aprendizaje, estilos de 10-12,
    16, 20
auditivo, aprendizaje, 8-9, 11,
    34
ayuda del profesor, 28-30

C

cinestésico, aprendizaje, 8-9,
    20
clases de preparación del
    examen, 35-37
clases privadas, 34-35
CollegeSpring, 37

D

darse el atracón a estudiar, 23
día del examen, preparativos
    para, 38-40
dieta, 5, 26-27
dormir, 4-5, 24-25, 38

E

ejercicio, 25-26
eKnowledge, 36-37
escucha activa, 18
estrategias para pasar
    exámenes, 40-41
estudio, grupos de, 30-34
estudio, hábitos de, 20-21, 30,
    50

F

Fleming, Neil, 8, 11
Fundación Nacional del
    Sueño, 22, 24

G

Gardner, Howard, 10

H

deberes, 4, 7, 17-19, 21, 30, 49

I

identificar puntos fuertes,
    12-13
infografía, 12
interpersonal, 10
intrapersonal, 10

K

Kaplan, 35
Khan Academy, 36

L

lecciones, 34
lector/escritor, aprendizaje, 8,
    9, 11, 20, 35
listas de cosas que hacer, 21-22
lógico-matemático,
    aprendizaje, 10

M

March2Success, 36
meditación, 25
memorización, 4

N

Noel, Tanya, 10

P

preguntas de comprensión
    lectora, 43
preguntas de mates, 43
preguntas de respuesta breve,
    7, 29,
preguntas multirrespuesta, 4,
    7, 15, 29, 41, 43, 46
preguntas verdadero-falso, 40,
    42, 46
Princeton Review, 35
procrastinación, 23, 49
profesional, éxito, 50-51

PSAT, 35
puntos débiles, 4, 14-15

S

SAT, 35-37, 39, 44, 50
Scantron, 47

T

tiempo, gestión del, 4, 6, 11,
    21-22, 47, 51
TOEFL, 37
tomar notas, 12-13, 18, 21, 23,
    42, 44, 49
trabajos escolares, 8, 10, 13,
    21-22, 30, 44-45, 49
transcripción 12
trucos nemotécnicos, 12

V

VARK, 8, 15, 34
visual, aprendizaje, 8, 9

Y

yoga, 25

SOBRE LA AUTORA

Alexis Burling ha pasado muchos años como editora y colaboradora de las revistas escolares más relevantes de Scholastic, incluyendo *Storyworks, Choices, Math* y *SuperScience*. Ahora se gana la vida escribiendo y haciendo crítica literaria. Ha publicado docenas de libros para jóvenes sobre temas que van desde acontecimientos de actualidad y biografías de famosos hasta preparación de exámenes y consejos académicos.

CRÉDITOS FOTOGRÁFICOS

Diseñador: Brian Garvey; Puesta en papel: Raúl Rodríguez; Director editorial, español: Nathalie Beullens-Maoui; Editor, inglés: Nicholas Croce; Investigador fotográfico: Ellina Litmanovich